collana didattica di musiche a cura di

Celestino Dionisi

Dedicato al Flauto Dolce

Gli arpeggi
per Soprano

ISBN I 978-88-91159-23-6

Youcanprint Self-Publishing
Via Roma, 73 - 73039 Tricase (LE) - Italy
www.youcanprint.it
info@youcanprint.it
Facebook: facebook.com/youcanprint.it
Twitter: twitter.com/youcanprintit

Baroque Personal Trainer
http://studioemc.it/baroquetrainer/
baroquetrainer@studioemc.it

Per vedere i video relativi a questo e ad altri volumi della collana:
To view videos on this and other books in the series:
You Tubehttp://www.youtube.com/user/BaroqueTrainer

Arpeggi di Do

Arpeggi di Fa

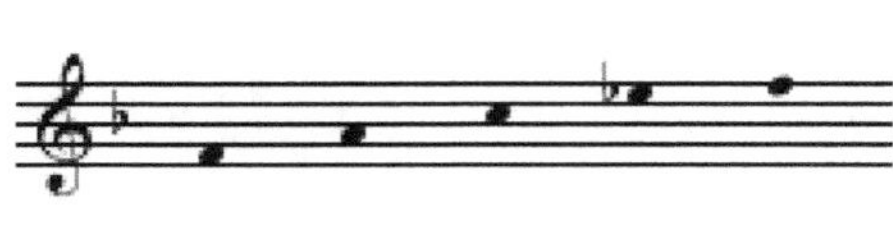

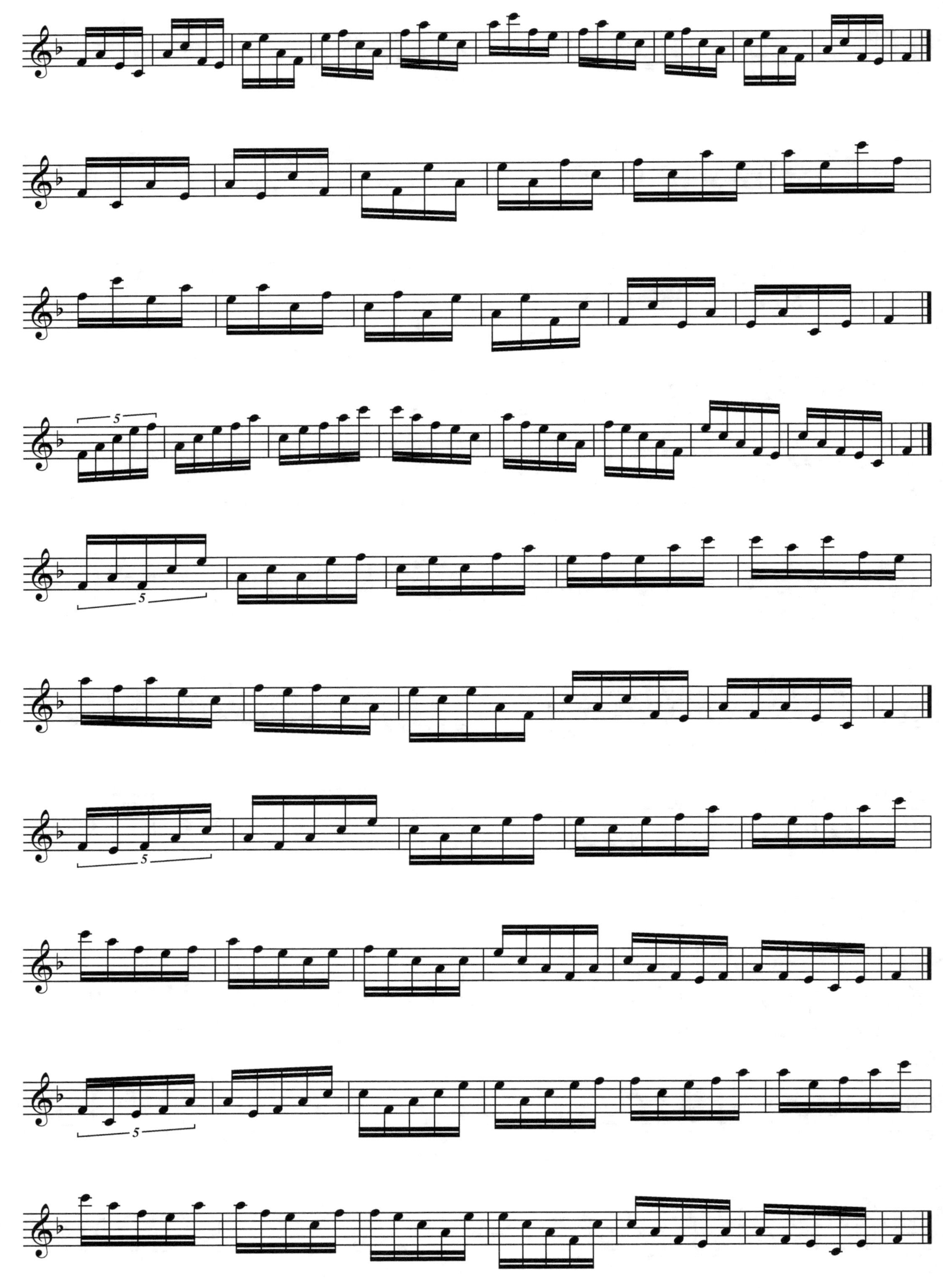

Arpeggi di Sol

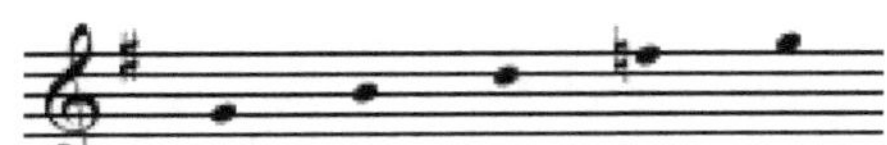

Arpeggi di Si♭

5

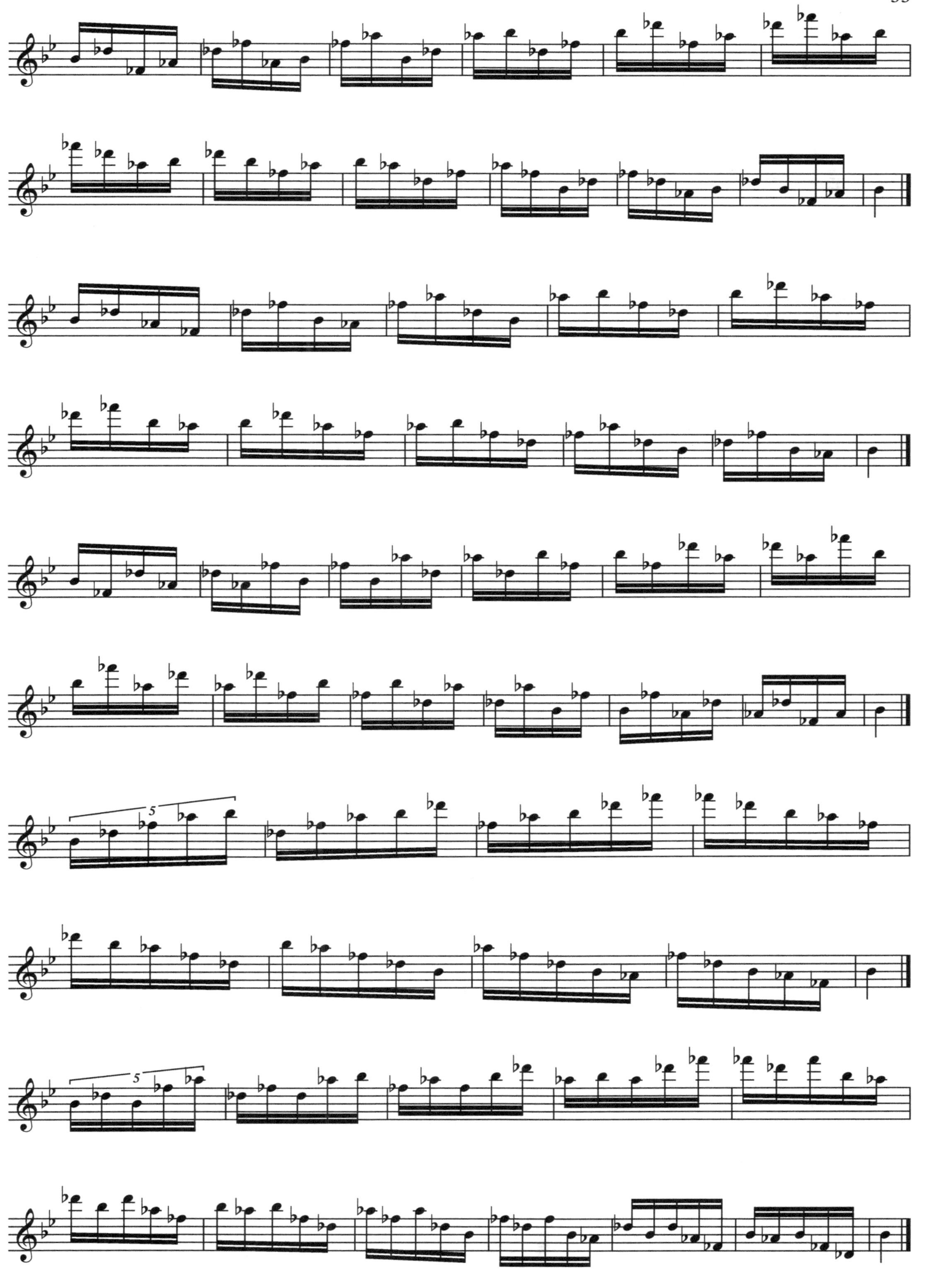

Arpeggi di Re

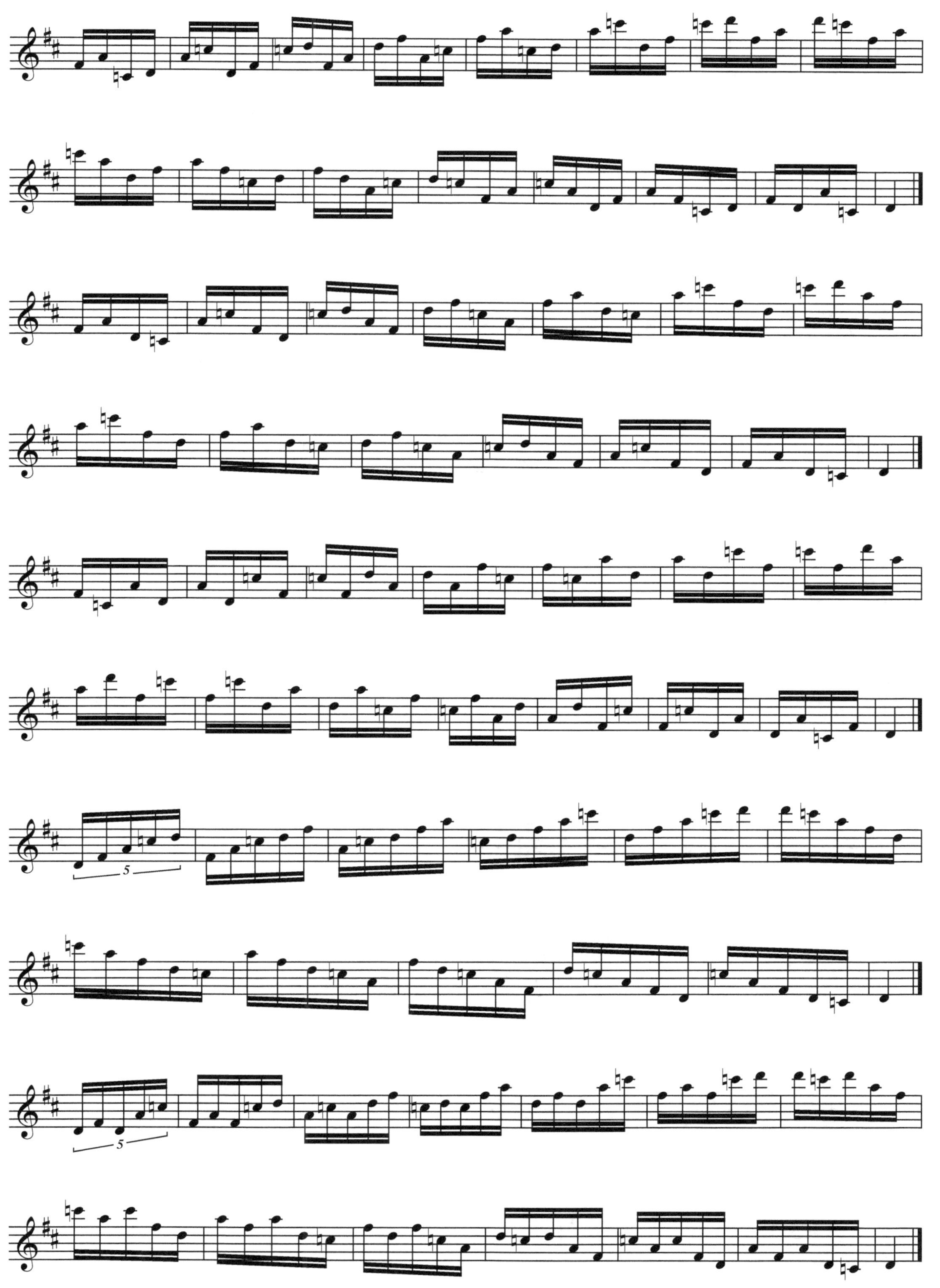

Arpeggi di Mi♭

5

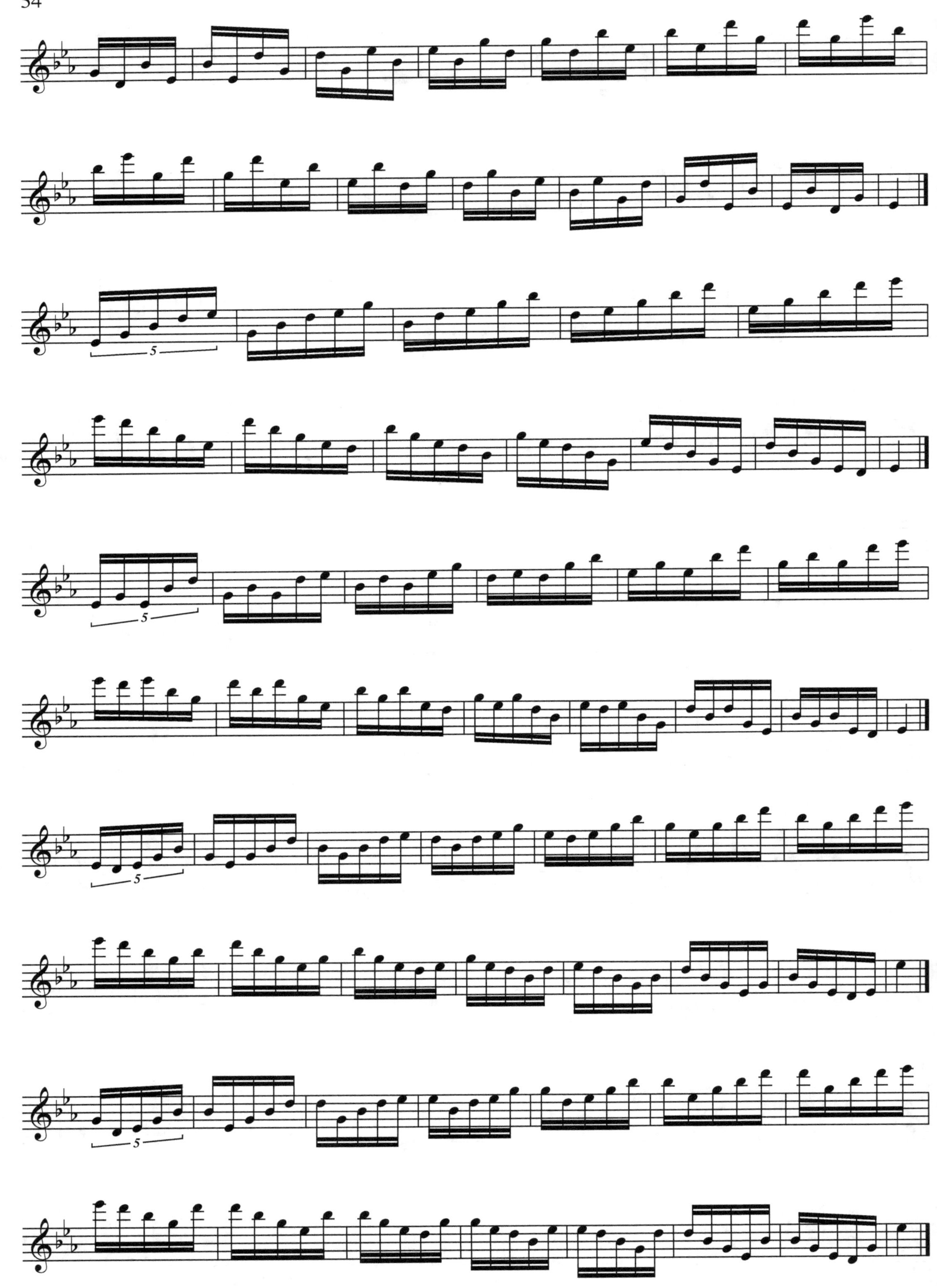

Arpeggi di La

5
5
5
5

5

Finito di stampare nel mese di Settembre 2014
per conto di Youcanprint *Self - Publishing*